U0081564

書名：元空紫白陽宅秘旨
系列：心一堂術數古籍珍本叢刊　堪輿類
作者：心一堂編
主編、責任編輯：陳劍聰
心一堂術數古籍珍本叢刊編校小組：陳劍聰　素聞　梁松盛　鄒偉才　虛白盧主

出版：心一堂有限公司
通訊地址：香港九龍旺角彌敦道六一〇號荷李活商業中心十八樓〇五－〇六室
深港讀者服務中心：中國深圳市羅湖區立新路六號羅湖商業大廈負一層〇〇八室
電話號碼：(852)67150840
網址：publish.sunyata.cc
電郵：sunyatabook@gmail.com
網店：http://book.sunyata.cc
淘寶店地址：https://shop210782774.taobao.com
微店地址：https://weidian.com/s/1212826297
臉書：https://www.facebook.com/sunyatabook
讀者論壇：http://bbs.sunyata.cc/

版次：二零二一年九月初版
平裝

港幣　三百二十元正
定價：人民幣　三百二十元正
新台幣　一千二百八十元正

國際書號：ISBN 978-988-8058-77-8

香港發行：香港聯合書刊物流有限公司
地址：香港新界大埔汀麗路36號中華商務印刷大廈3樓
電話號碼：(852)2150-2100
傳真號碼：(852)2407-3062
電郵：info@suplogistics.com.hk

台灣發行：秀威資訊科技股份有限公司
地址：台灣台北市內湖區瑞光路七十六巷六十五號一樓
電話號碼：+886-2-2796-3638
傳真號碼：+886-2-2796-1377
網絡書店：www.bodbooks.com.tw
台灣國家書店讀者服務中心：
地址：台灣台北市中山區松江路二〇九號一樓
電話號碼：+886-2-2518-0207
傳真號碼：+886-2-2518-0778
網絡書店：http://www.govbooks.com.tw

中國大陸發行　零售：深圳心一堂文化傳播有限公司
深圳地址：深圳市羅湖區立新路六號羅湖商業大廈負一層〇〇八室
電話號碼：(86)0755-82224934

心一堂微店二維碼

心一堂淘寶店二維碼

心一堂術數古籍珍本叢刊 總序

術數定義

術數，大概可謂以「推算、推演人(個人、群體、國家等)、事、物、自然現象、時間、空間方位等規律及氣數，並或通過種種『方術』，從而達致趨吉避凶或某種特定目的」之知識體系和方法。

術數類別

我國術數的內容類別，歷代不盡相同，例如《漢書・藝文志》中載，漢代術數有六類：天文、曆譜、無行、蓍龜、雜占、形法。至清代《四庫全書》，術數類則有：數學、占候、相宅相墓、占卜、命書、相書、陰陽五行、雜技術等，其他如《後漢書・方術部》、《藝文類聚・方術部》、《太平御覽・方術部》等，對於術數的分類，皆有差異。古代多把天文、曆譜、及部份數學均歸入術數類，而民間流行亦視傳統醫學作為術數的一環；此外，有些術數與宗教中的方術亦往往難以分開。現代學界則常將各種術數歸納為五大類別：命、卜、相、醫、山，通稱「五術」。

本叢刊在《四庫全書》的分類基礎上，將術數分為九大類別：占筮、星命、相術、堪輿、選擇、三式、讖緯、理數(陰陽五行)、雜術。而未收天文、曆譜、算術、宗教方術、醫學。

術數思想與發展—從術到學，乃至合道

我國術數是由上古的占星、卜蓍、形法等術發展下來的。其中卜蓍之術，是歷經夏商周三代而通過「龜卜、蓍筮」得出卜(卦)辭的一種預測(吉凶成敗)術，之後歸納並結集成書，此即現傳之《易經》。經過春秋戰國至秦漢之際，受到當時諸子百家的影響、儒家的推崇，遂有《易傳》等的出現，原本是卜蓍術書的《易經》，被提升及解讀成有包涵「天地之道(理)」之學。因此，《易・繫辭傳》曰：「易與天地準，故能彌綸天地之道。」

漢代以後，易學中的陰陽學說，與五行、九宮、干支、氣運、災變、律曆、卦氣、讖緯、天人感應說等相結

合，形成易學中象數系統。而其他原與《易經》本來沒有關係的術數，如占星、形法、選擇，亦漸漸以易理（象數學說）為依歸。《四庫全書·易類小序》云：「術數之興，多在秦漢以後。要其旨，不出乎陰陽五行，生尅制化。實皆《易》之支派，傅以雜說耳。」至此，術數可謂已由「術」發展成「學」。

及至宋代，術數理論與理學中的河圖洛書、太極圖、邵雍先天之學及皇極經世等學說給合，通過術數以演繹理學中「天地中有一太極，萬物中各有一太極」（《朱子語類》）的思想。術數理論不單已發展至十分成熟，而且也從其學理中衍生一些新的方法或理論，如《梅花易數》、《河洛理數》等。

在傳統上，術數功能往往不止於僅僅作為趨吉避凶的方術，及「能彌綸天地之道」的學問，亦有其「修心養性」的功能，「與道合一」（修道）的內涵。《素問·上古天真論》：「上古之人，其知道者，法於陰陽，和於術數。」數之意義，不單是外在的算數、歷數、氣數，而是與理學中同等的「道」、「理」—心性的功能，北宋理氣家邵雍對此多有發揮：「聖人之心，是亦數也」、「萬化萬事生乎心」、「心為太極」。《觀物外篇》：「先天之學，心法也。……蓋天地萬物之理，盡在其中矣，心一而不分，則能應萬物。」反過來說，宋代的術數理論，受到當時理學、佛道及宋易影響，認為心性本質上是等同天地之太極。天地萬物氣數規律，能通過內觀自心而有所感知，即是內心也已具備有術數的推演及預測、感知能力；相傳是邵雍所創之《梅花易數》，便是在這樣的背景下誕生。

《易·文言傳》已有「積善之家，必有餘慶；積不善之家，必有餘殃」之說，至漢代流行的災變說及讖緯說，我國數千年來都認為天災，異常天象（自然現象），皆與一國或一地的施政者失德有關；下至家族、個人之盛衰，也都與一族一人之德行修養有關。因此，我國術數中除了吉凶盛衰理數之外，人心的德行修養，也是趨吉避凶的一個關鍵因素。

術數與宗教、修道

在這種思想之下，我國術數不單只是附屬於巫術或宗教行為的方術，又往往已是一種宗教的修煉手段—通過術數，以知陰陽，乃至合陰陽（道）。「其知道者，法於陰陽，和於術數。」例如，「奇門遁甲」術中，即分為「術奇門」與「法奇門」兩大類。「法奇門」中有大量道教中符籙、手印、存想、內煉的內容，是道教內丹外法的一種重要外法修煉體系。甚至在雷法一系的修煉上，亦大量應用了術數內容。此外，相術、堪輿術中也有修煉望氣色的方法；堪輿家除了選擇陰陽宅之吉凶外，也有道教中選擇適合修道環境（法、財、侶、地中的地）的方法，以至通過堪輿術觀察天地山川陰陽之氣，亦成為領悟陰陽金丹大道的一途。

易學體系以外的術數與的少數民族的術數

我國術數中，也有不用或不全用易理作為其理論依據的，如楊雄的《太玄》、司馬光的《潛虛》。也有一些占卜法、雜術不屬於《易經》系統，不過對後世影響較少而已。

外來宗教及少數民族中也有不少雖受漢文化影響（如陰陽、五行、二十八宿等學說）但仍自成系統的術數，如古代的西夏、突厥、吐魯番等占卜及星占術，藏族中有多種藏傳佛教占卜術、苯教占卜術、擇吉術、推命術、相術等；北方少數民族有薩滿教占卜術；不少少數民族如水族、白族、布朗族、佤族、彝族、苗族等，皆有占雞（卦）草卜、雞蛋卜等術，納西族的占星術、占卜術，彝族畢摩的推命術、占卜術…等等，都是屬於《易經》體系以外的術數。相對上，外國傳入的術數以及其理論，對我國術數影響更大。

曆法、推步術與外來術數的影響

我國的術數與曆法的關係非常緊密。早期的術數中，很多是利用星宿或星宿組合的位置（如某星在某州或某宮某度）付予某種吉凶意義，并據之以推演，例如歲星（木星）、月將（某月太陽所躔之宮次）等。不過，由於不同的古代曆法推步的誤差及歲差的問題，若干年後，其術數所用之星辰的位置，已與真實星辰的位置不一樣了；此如歲星（木星），早期的曆法及術數以十二年為一周期（以應地支），與木星真實周期十一點八六年，每幾十年便錯一宮。後來術家又設一「太歲」的假想星體來解決，是歲星運行的相反，週期亦剛好是十二年。而術數中的神煞，很多即是根據太歲的位置而定。又如六壬術中的「月將」，原是立春節氣後太陽躔娵訾之次而稱作「登明亥將」，至宋代，因歲差的關係，要到雨水節氣後太陽才躔娵訾之次，當時沈括提出了修正，但明清時六壬術中「月將」仍然沿用宋代沈括修正的起法沒有再修正。

由於以真實星象周期的推步術是非常繁複，而且古代星象推步術本身亦有不少誤差，大多數術數除依曆書保留了太陽（節氣）、太陰（月相）的簡單宮次計算外，漸漸形成根據干支、日月等的各自起例，以起出其他具有不同含義的眾多假想星象及神煞系統。唐宋以後，我國絕大部份術數都主要沿用這一系統，也出現了不少完全脫離真實星象的術數，如《子平術》、《紫微斗數》、《鐵版神數》等。後來就連一些利用真實星辰位置的術數，如《七政四餘術》及選擇法中的《天星選擇》，也已與假想星象及神煞混合而使用了。

隨着古代外國曆（推步）、術數的傳入，如唐代傳入的印度曆法及術數，元代傳入的回回曆等，其中我國占星術便吸收了印度占星術中羅睺星、計都星等而形成四餘星，又通過阿拉伯占星術而吸收了其中來自希臘、巴比倫占星術的黃道十二宮、四元素學說（地、水、火、風），並與我國傳統的二十八宿、五行說、神煞系統並存而形成《七政四餘術》。此外，一些術數中的北斗星名，不用我國傳統的星名：天樞、天璇、天璣、天權、玉衡、開陽、搖光，而是使用來自印度梵文所譯的：貪狼、巨門、祿存、文曲，廉貞、武曲、破軍等，此明顯是受到唐代從印度傳入的曆法及占星術所影響。如星命術的《紫微斗數》及堪輿術的《撼龍經》等文獻中，其星皆用印度譯名。及至清初《時憲曆》，置潤之法則改用西法「定氣」。清代以後的術數，又作過不少的調整。

術數在古代社會及外國的影響

術數在古代社會中一直扮演着一個非常重要的角色，影響層面不單只是某一階層、某一職業、某一年齡的人，而是上自帝王，下至普通百姓，從出生到死亡，不論是生活上的小事如洗髮、出行等，大事如建房、入伙、出兵等，從個人、家族以至國家，從天文、氣象、地理到人事、軍事，從民俗、學術到宗教，都離不開術數的應用。如古代政府的中欽天監（司天監），除了負責天文、曆法、輿地之外，亦精通其他如星占、選擇、堪輿等術數，除在皇室人員及朝庭中應用外，也定期頒行日書、修定術數，使民間對於天文、日曆用事吉凶及使用其他術數時，有所依從。

在古代，我國的漢族術數，甚至影響遍及西夏、突厥、吐蕃、阿拉伯、印度、東南亞諸國、朝鮮、日本、越南等地，其中朝鮮、日本、越南等國，一至到了民國時期，仍然沿用着我國的多種術數。

術數研究

術數在我國古代社會雖然影響深遠，「是傳統中國理念中的一門科學，從傳統的陰陽、五行、九宮、八卦、河圖、洛書等觀念作大自然的研究。……傳統中國的天文學、數學、煉丹術等，要到上世紀中葉始受世界學者肯定。可是，術數還未受到應得的注意。術數在傳統中國科技史、思想史，文化史、社會史，甚至軍事史都有一定的影響。……更進一步了解術數，我們將更能了解中國歷史的全貌。」（何丙郁《術數、天文與醫學 中國科技史的新視野》，香港城市大學中國文化中心。）

可是術數至今一直不受正統學界所重視，加上術家藏秘自珍，又揚言天機不可洩漏，「（術數）乃吾國科學與哲學融貫而成一種學說，數千年來傳衍嬗變，或隱或現，全賴一二有心人為之繼續維繫，賴以不絕，其中確有學術上研究之價值，非徒癡人說夢，荒誕不經之謂也。其所以至今不能在科學中成立一種地位者，實有數困。蓋古代士大夫階級目醫卜星相為九流之學，多恥道之；而發明諸大師又故為惝恍迷離之辭，以待後人探索；間有一二賢者有所發明，亦秘莫如深，既恐洩天地之秘，復恐譏為旁門左道，始終不肯公開研究，成立一有系統說明之書籍，貽之後世。故居今日而欲研究此種學術，實一極困難之事。」（民國徐樂吾《子平真詮評註》，方重審序）

現存的術數古籍，除極少數是唐、宋、元的版本外，絕大多數是明、清兩代的版本。其內容也主要是明、清兩代流行的術數，唐宋以前的術數及其書籍，大部份均已失傳，只能從史料記載、出土文獻、敦煌遺書中稍窺一鱗半爪。

術數版本

坊間術數古籍版本，大多是晚清書坊之翻刻本及民國書賈之重排本，其中豕亥魚魯，或而任意增刪，往往文意全非，以至不能卒讀。現今不論是術數愛好者，還是民俗、史學、社會、文化、版本等學術研究者，要想得一常見術數書籍的善本、原版，已經非常困難，更遑論稿本、鈔本、孤本。在文獻不足及缺乏善本的情況下，要想對術數的源流、理法、及其影響，作全面深入的研究，幾不可能。

有見及此，本叢刊編校小組經多年努力及多方協助，在中國、韓國、日本等地區搜羅了一九四九年以前漢文為主的術數類善本、珍本、鈔本、孤本、稿本、批校本等千餘種，精選出其中最佳版本，以最新數碼技術清理、修復版面，更正明顯的錯訛，部份善本更以原色精印，務求更勝原本，以饗讀者。不過，限於編校小組的水平，版本選擇及考證、文字修正、提要內容等方面，恐有疏漏及舛誤之處，懇請方家不吝指正。

心一堂術數古籍珍本叢刊編校小組

二零零九年七月

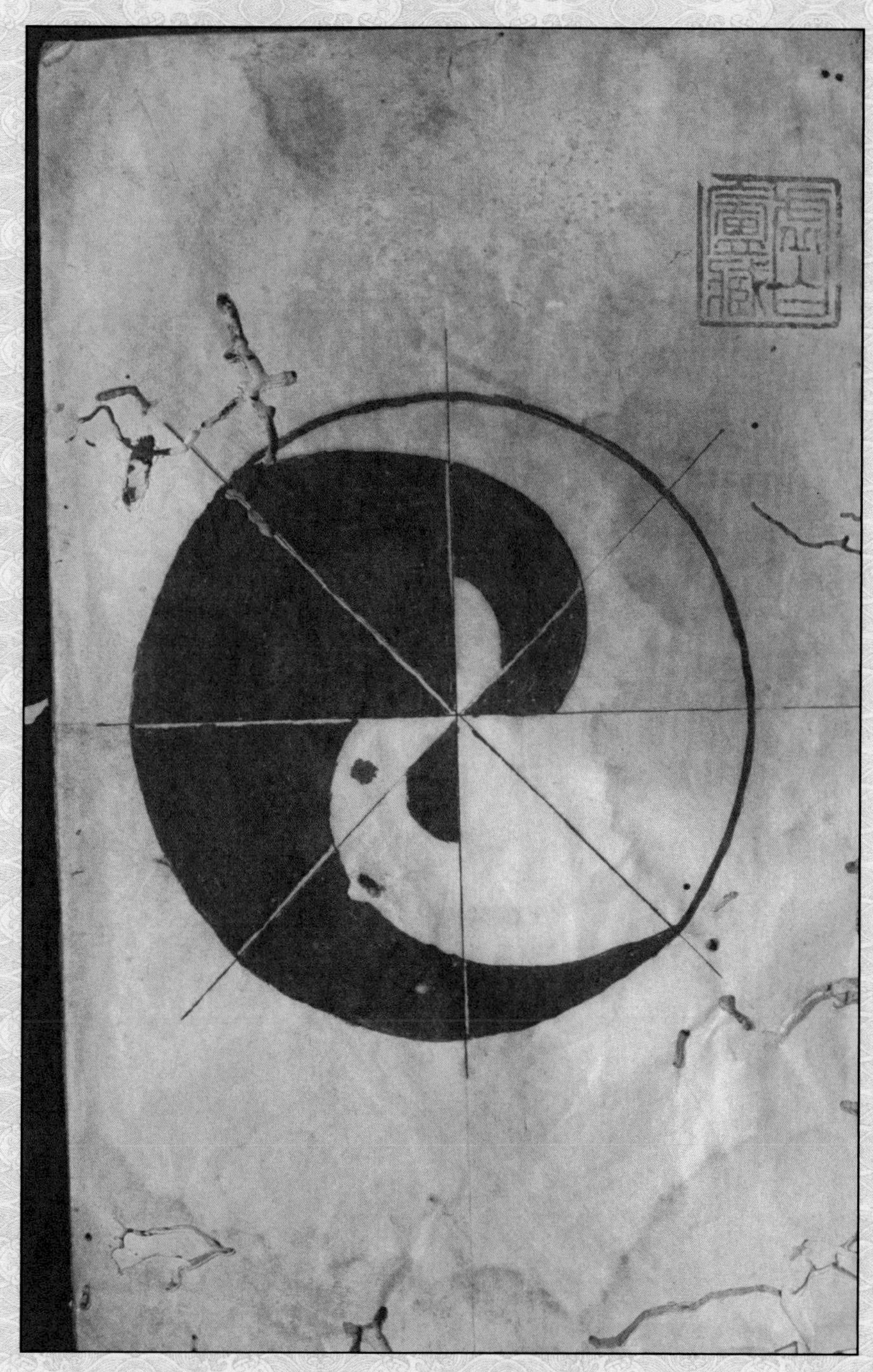

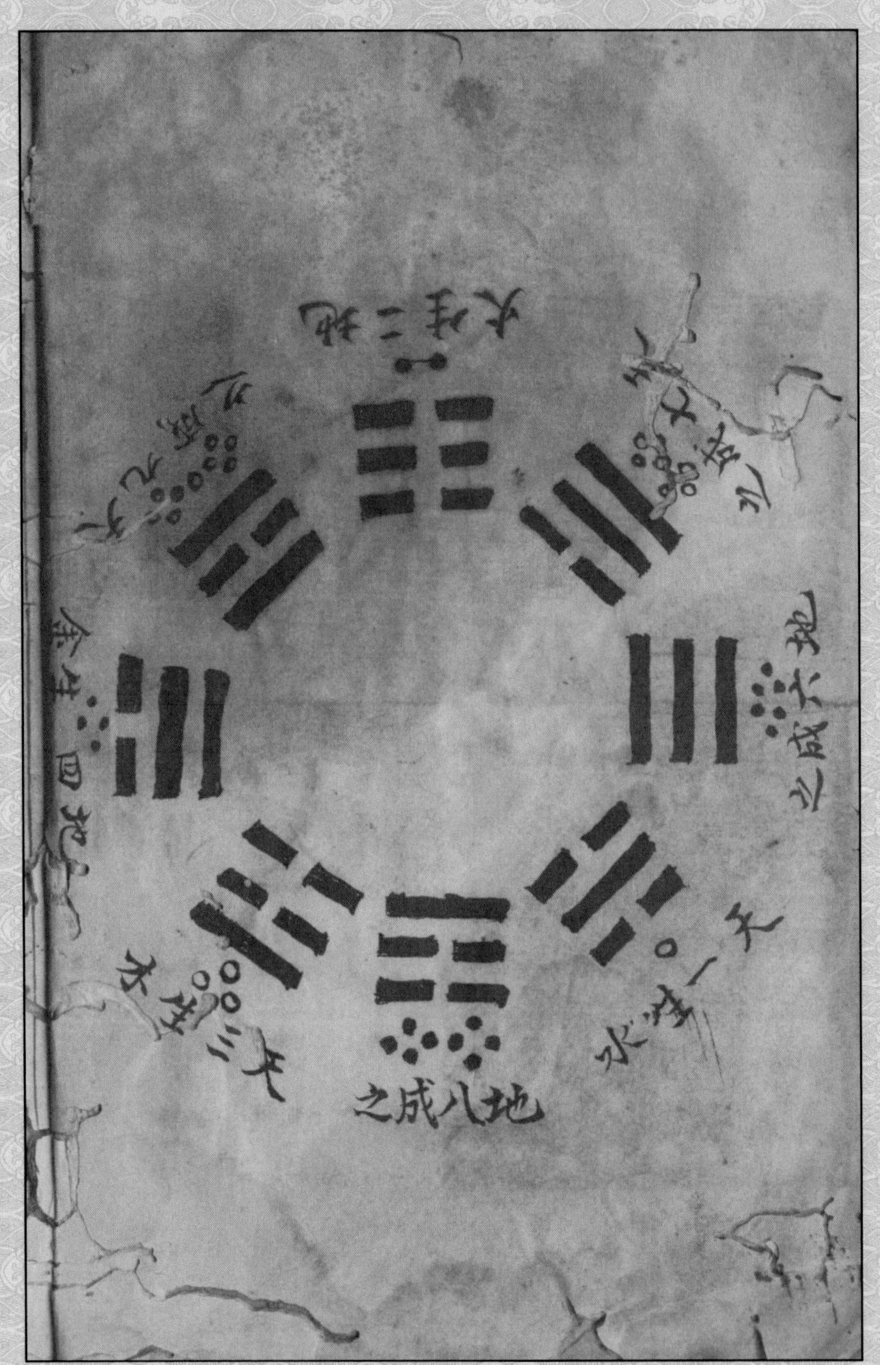
地二生火
天一生水
地八成之
天三生木
地四生金

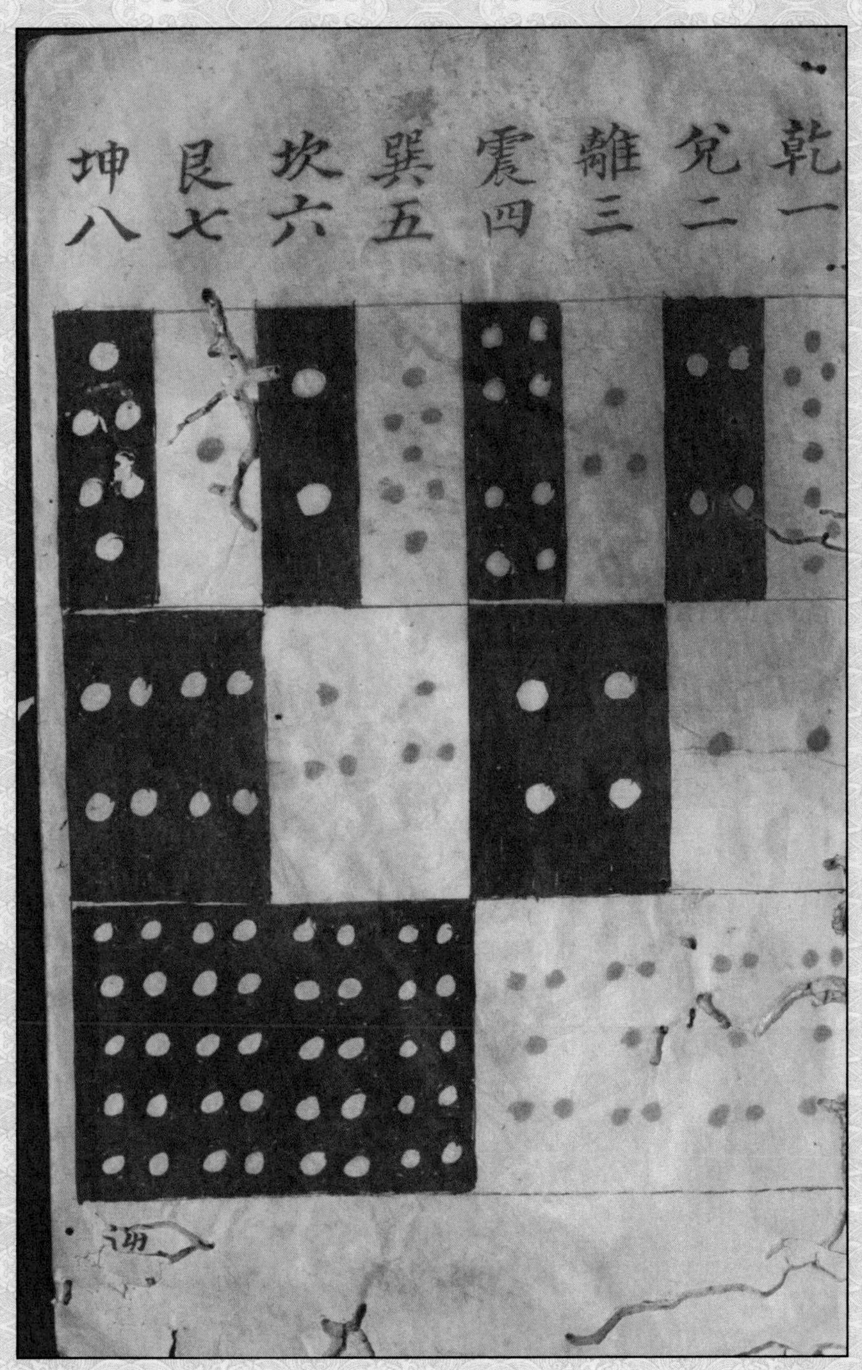
乾一
兌二
離三
震四
巽五
坎六
艮七
坤八

乾納甲

坤納乙

离納壬　己　寅午戌

坎納癸　戊　癸申辰　内三爻納癸外三爻納戊

艮納丙

兑納丁　巳酉丑

巽納辛

震納庚　亥卯未

上元　坎宮起甲子

中元　巽宮起甲子　逆行順飛

下元　兑宮起甲子

年白一四七

子午卯酉年　八艮起正月

辰戌丑未年　五宮起正月　逆行順飛

寅申巳亥年　二坤起正月

男女命宮　男命一(上)四(中)七(下)　女命二(上)五(中)八(下)男逆行

女順行如上元甲子年生人男命在坎乙丑年生人在离
女命甲子人在坤乙丑人在震丙寅在巽丁卯在中
是也餘倣此

丁卯癸卯己卯　申　酉戌
陽順　未　亥
　午　子
　巳　丑
乙卯辛卯阴逆　辰　卯寅

每甞月前卯甞子宮放
至初一值行支宮又入排山掌
十干位阳顺阴逆是在戊支
宮入排山六白宮起

甲己丁壬戊癸阳
順行太阳詳
乙庚丙辛陰逆
佈太陰位

戊癸　羅候六白　凶五中　計都四綠
太白吉　七赤　乙庚日起
丙辛日　三碧　紫氣吉
太阳吉　八白
二黑　太阴吉
凶　九紫　丁壬日起
甲己　一白　吉

時亦從日分順逆陰陽

三煞方　陰陽二宅均忌

申子辰年　巳午未方　寅午戌年　亥子丑方

巳酉丑年　寅卯辰方　亥卯未年　申酉戌方

天金神地金神都天煞起例

甲己之年起丙寅　乙庚越戊寅　丁壬起壬寅

戊癸起甲寅　丙辛起庚寅　如甲子年以丙寅起

順數至戊辰己巳　辰巳方即為都天煞巽為夾煞庚

午辛未為天金神壬申癸酉劍鋒金為地金神餘倣

此犯都天戊主男死己主女亡犯天地金神者主目疾制法干犯干制納音犯納音制

天官符

申子辰亥上不動塵　寅午戌蛇頭動紙筆
巳酉丑逢申便轉手　亥卯未逢寅切須忌

陰符

壬寅午戌山忌丁壬日艮丙巽辛山忌申己日乾甲酉丁巳丑山忌乙庚日申子辰癸乙坤忌丙辛日亥

卯未庚忌戊癸日天卦為正陰人地僚陰

羅天退　乙庚年震方　丙辛年艮方

太歲壓祭主　以葬日入排山掌中宮順數值太歲

落宮又以甲子從中宮順数值太歲所落之宮屬

祭主本命及合家本命即是　陰宅忌

倒架煞

甲己年倒五午日　乙庚年五申日　丙辛年五戌

日　丁壬年五子　戊癸年五寅日　又每逢前一

日爲倒家庚午甲申戊戌壬子甲寅是也

離乾震坐山每逢三六九流年乾離震方犛龍有慶

二五八年亦爲蜚聲　離震相會

四一同宮

坤艮坐山每逢八五二流年兑巽坎方四一同宮乾

離震方　離震相會

兑巽坎坐山每逢一四七流年二五八方四一同宮

兑巽坎方離震相會

木傷土而金位重重火尅金而水神疊疊禍災有救

土涸水而木茂無妨金伐木而火炎無忌用住宅之

層數五行

擇朔未起造之地須坐山宜三殺都天五黄羅天退又年

月紫白生山则吉尅则凶陰宅同異修方先以宅星紫白

為主次以年月紫白飛佈八方相生比旺吉如三又七三七

九九又三八四八二五、、二独五到方不吉

離卦右一層屬水宅之層數也水生木紫白克艮土八卦長兄紫白

必奪弟產八卦二層屬火宅數克兌金紫白長兄有救八卦三

層屬木克八白三房必絕中一層為水水與水比（八卦）
中（八卦）男雖尅有救中二層火中女更旺中三層屬木長
（紫）女得比中（八卦）女更佳左一層屬水中男得比左二層火
（紫白）老母得生少女有救（八卦土生金）左三層木老父（紫白）得財生出
尅出劳碌奔波終不得壽　全局男衰女旺左旺衰右
分房　一四七　二五八　三六九　乙片　丙在四
運屬金開戌門戌在六運屬水為金水相生又四六
合十為催發秀　未在九運丙在四運四九為友為

為正旺丁　庚丙均在四運為零旺富壬在七運丙
在四運合五為照平富餘則當向為照合十五照亦為
擇日用太陽到山到向皆可小煞無忌能降大六福

正月太陽到壬寅　三合吊度　亥卯未山向均用
二月戌乾　寅午戌吊照
三月辛酉　巳酉丑
四月庚申　申子辰
五月坤未　亥卯未
六月丁午　寅午戌
七月到巳丙　巳酉丑
八月巽辰　申子辰
九月乙卯　亥卯未
十月甲寅　寅午戌
冬月艮丑　巳酉丑
腊月癸子　申子辰

乾坤為父母六卦為子媳此八卦之父母也子午卯
酉為父母甲庚丙壬乙辛丁癸為子媳乾坤艮巽為

父母寅申巳亥辰戌丑未為子媳此三爻之父母子媳也有沖破父母之斷驗以子媳山向開父母門也父母即三般陰陽也

失運　見祿存而瘟癀必發遇文曲而蕩子無歸值廉貞而火災病死逢破軍而身財多虧如當運四星皆吉

紫白生尅比旺退煞死炁之方　安床用以中宮所飛之星為吉生中宮者曰生比中宮者曰旺尅中宮者曰煞中宮尅各方之星曰死中宮生各方之星曰退

生方旺丁而見榮　旺方發祿而富足　死退損丁

煞方焚禍　如不生中宮只生本宮亦可用即生中宮而赴

本宮亦不全吉

論挨星法　廉破大凶文祿次凶向門用即外之總門也

中宮主星當令門上破廉弼武皆可收用若中星不當

令必收門上當令之星方吉若中宮得令或一層屋要朝

門亦不能收或三層五層亦不能收必二層方可收入如一

層屋有朝門即二層是也

三般兩片要合兑离卦冲空之患所飛之九紫坑目疾二黑水坑腹疾七赤口坑口疾六白坑首疾金木相尅之方門足勞尅長男長媳土木相尅少男手疾震尅坤土為子忤母門有桎梏之愚巽尅坤土室有欺姑之患婦七九同宮相尅有門主奢淫克妻有床主痨病　坎閉塞而耳聾

陽宅以門合片收挨為主　陰宅以向得令来去水口合片為吉来脉明堂不可偏　巽方宜文峯上元為生 中元為旺 下元為死

巳方宜印子宜太陰午太陽乾龍樓艮鳳閣　庚巽
丁為三吉乙丙辛甲午庚宜六秀辰戌丑未宜庫离
高峯為火若開口筆必落孫山之外坤峯為訟筆

○安六畜門向　申子辰乾坤癸丑七向吉宜生不宜尅

○先天遇後天　乾遇坎（坎中有坤）　坤遇离（乾）　艮遇巽（兑）　震遇
（變）坤　坎遇震（离）　兑遇乾（艮）　巽遇艮（震）
天元遇峽立天元向人地兩元亦然

○巽吹坤艮出麻風甲寅風吹翻棺槨漕凹風吹出虫

蟻の形家艮方离鄉砂飞飞出外亡坂不得歸家如砂回頭反得

富貴歸家

弼與六交老中通情文與六交老長有私四又九二合排三

七戓值门向主羣陰用事

玄空倒地翻天隨時變易之機幕講深得其奧發青

囊天玉之至理九星雙起之元關辨吉凶定盛衰靈

（即般若也）

如桴鼓真理氣之金針也　必形局皆合乃看父母（即挨

星也）下三吉

紫白辨方位之吉凶挨星辨氣運之盛衰而挨星只論屋门
及中氣紫白則論门碓坑路病患床用事宜生方
△正向要先倒排方合顛倒不知倒排八卦九星皆空
不知三般兩片五行皆錯顛之倒之轉禍福於指掌
左挨右挨辨吉凶於毫釐一天星斗運用在乎中央
九曜支干旋轉由乎北極謂衆星之所以旋轉其樞
在乎北極陰陽之所以顛倒其機在乎三般
夫婦相逢於道路最嫵阻隔不通情兒孫俱列於門

庭尤恐凶頑非孝義形勢不得挨星亦是徒然即山
上水裏配合生生之謂也相見而得其所自有福祿
之蔭相見而不得其所便是禍咎之根用法既得或
是方反背水瀉傾流定有阻隔凶頑之交（百步外不拘）
巽宮水路纏乾主有懸梁之厄兌離朋黨破震不無（兌卦坤門乘卦巽門犯之剋也）
吐血之災風行地而直硬難當室有欺姑之婦火燒（六相尅）
天而張牙相鬥家生罵父之兒腹遇水而鼓脹足見（用否星作主）
金而跛行坎宮高塞而耳聾離位傷殘而目瞽兌缺

齒而唇亡齒寒艮破碎而筋枯臂折山地被風吹反

生瘋疾雷風因金死定被刀兵破軍居巽位顛病瘋（三運六　四運七）

狂　此言元空變易之卦理非東西南北之定位

寅庚丁破軍（山　下元）　飛巽位出顛病上元辰巽亥破軍飛入出

顛病巳丙兼針六有破軍出顛此該三元

山廉貞勞病目疾兼出魔　震兌住宅多不和隣　鄉

主懲破軍亦然　文出蕩子祿存破軍好鬥祿存（主瘟疫）

兩局承氣收（水也）　相關必生忤逆孤單（地氣形勢也）龍穴定有獨夫

○卦爻雜乱異姓同居吉凶相并螟蛉為嗣匪類相從家多淫亂相從相合世出賢良家有少亡只因冲殘子息卦庭無着者都因攻破父母爻重重尅入立見死亡位位生來連添財喜

為父所尅男不招兒為母所傷女不得嗣後人不肖因生方之反背無情賢嗣承宗由旺方之端正朝拱木受金尅長子難招水受土傷次子莫嗣山風值而泉石膏肓火澤逢而江湖花柳

星連奎壁啓百代之文章胃入牛丑積千倉之玉帛雖交鼠而傾瀉奔流必犯流徒雷出地而相冲定遭桎梏　全無生氣入門粮空隔宿曾有旺神到宅富積千金火若剋金兼化木數盡回祿當扶水以救之培土以瀉之若以木助火火得風而愈熾回祿难免玄空我生彼而終必有產难之死我剋彼而為財帛以喪身玄空千言萬語摠言宜生不宜剋宜旺不宜衰忌神旺而制神衰值關門而揖盜吉星衰而凶星

旺乃入室以操戈

流年生尅 與宅星紫白分生尅吉凶

四一同宮 六一同宮 八六同宮 三九同宮 皆主財喜科名

二五同宮 老不利 三八同宮 四八同宮 幼不吉 三叉、三破財

九七七九火災 一白方有门主妨只言少女有損

山片

○四生有合文人旺盛 四旺無冲田宅富饒 為健為動 片錯也

動非佳兆為止為靜 靜無不宜 富比陶朱 貴同王謝

健動即錯也 靜止即清純不雜也

水路愁交於辰乙主投河自縊陰陽二宅均忌
負棟入南離朱門再煥驅躔朝北闕丹詔重來四一
同宮科名顯達八逢紫曜昏喜重疊六遇艮星尊榮
不次如遇會合之年同上四一斷驗
震庚會局文兼武職丁丙朝乾貴兼耆壽離壬會子
癸喜產多男天市合丙丁富甲一郡
雜卦不合片均不開門損丁不發人
發秀開門只合片上二字亦不美要合四字照挨星不合

上元甲戌子貪旺巨生甲午申巨旺祿生甲寅辰祿旺文生
中元甲戌子文旺廉生甲午申廉旺武生甲寅辰武旺破生
下元甲戌子破旺甫生甲午申甫旺弼生甲寅辰弼旺貪生

山三卦　甲庚丙壬陽　辰戌丑未陰　乾坤艮巽陽
子午卯酉陰　寅申巳亥陽　乙辛丁癸陰

地獨用天人可兼又要天兼人人不兼天更合法

山兩片河圖飛用於陽宅隨時開門收撲星須空厭合片不討坐山衰旺生山兩片陰宅論水陽宅論門

亦兼水一合為零一六四九為正合十為催合五
為照當向合十五亦為照二七三八為正

十二坐山
甲午亥一　地天人
丑巽癸六　水
辰子辛九
丙乾申四　金

十二坐山
未艮巳二
庚卯丁七　火
戌坤寅八
壬酉乙三　木

陽宅十二門法
丙辰　一壬巽寅　地天人　門水　零大富
甲　六戌午乙　正旺丁
丙　九未乾丁　催秀
丑甲　四庚子巳　照平富

陽宅十二門法
二丙卯辛　零發富
又　七辰艮申　正旺丁
八甲酉癸　催秀
三丑坤亥　照平富

逆飛淳　運列微　下元共九十六
六白　武
七赤　破
八白　輔
九紫　弼
下元甲子起七赤逆退

一白　貪
二黑　巨
三碧　祿
四綠　文
五黃　廉
上元共九十年順　飛失運　列通
上元甲子起一白逆退

中元甲子起四綠逆退

陰宅退四位起破陽宅起貪

上元　巳山丁午辛寅艮癸庚亥
巨貪貪巨巨貪祿貪巨

下元　巳山丁甲山申庚丙寅艮
弼弼弼貪貪破輔輔破

中元　坤山未甲山辰巽辛子申壬
廉武廉武文文武廉文文

此三元陰宅吉山挨星到向也若陽宅只論門及中氣挨星得法三十六宮都是春矣

陰宅戌乾卯酉四山挨星不到耗用艮山克長乾山尅中午山子山尅長三挨星不吉勉强用之丑山亦不用

申 死 六白
坤 床中吉 上元甲午旺
未 貪文 床上吉 金

丁 生 四
午 綠 木
丙 綠巨

巽 退 八白
巳 床損小口 碓门損三房 土
辰 輔武

庚 下元甲辰旺 退
酉 廱門旺 求坑腹疾
辛 土 黑 二

下元甲戌旺 子
丙破 九紫火

七赤金
[illegible]

一白
[illegible]

五黃
[illegible]

三碧
[illegible]

丙山中氣下元子戌
旺申午戌门旺辰寅
庚门旺發秀中元武
廱旺上元子戌未门
旺申午壬门旺艮门
損三房手疾震门尅婦
足勞坑口疾巽门尅小口
即三房兑方水坑腹
疾

申　房平　床中吉　六事不直
坤　录武　六白金
未　死

丁　生　四
午　廉文　綠木
丙　床吉　房平六事大吉

巳　床損小口　房旅六事平　八
巽　金甫　上元子戌旺门　白
辰　[illegible]　土

庚　酉　辛
破　巨　退　房平六事不直
上元坑腹疾
二黑土

下元甲午辰寅旺
午　弼　九紫火
坑目

庚　酉　辛
文　破　巨
房平六事不吉　巨门尅　坑口　七赤金

戌　乾　亥
甲　上元　坑目疾
一白水

壬　子　癸
文　廉　退　房平六事不吉
五黄土

丑　艮　寅
武　輔　生　手疾　房平六事小口
三碧木

午山中氣下元午辰寅生旺
坑目疾乾门生旺秀酉门水
坑腹疾坤门不合房上元甲
子戌巽门旺震门尅長
是劳艮门尅三房又主
手疾

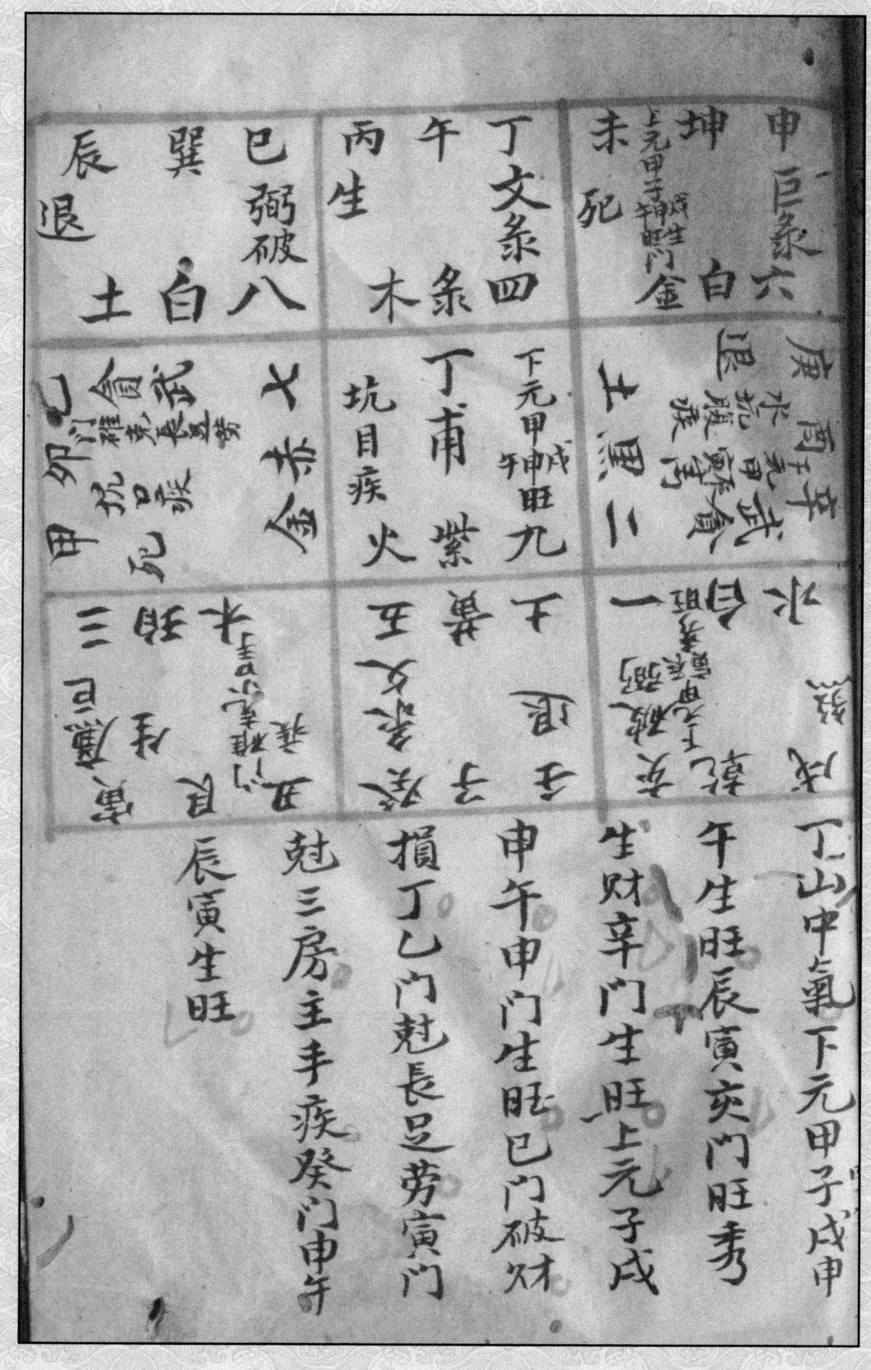

巳 彌 破 八 巽 白 辰 退 土	丁 文 參 四 午 參 丙 生 木	申 巨 參 六 坤 白 上元甲子坤門 戌生 未 死 金
七 赤 金 武 貪 [illegible] 乙 卯 甲 死	丁 甫 九 紫 火 下元甲申 戌申午 旺 坑 目 疾	庚 辛 武 貪 [illegible] 退 二 黑 土
三 碧 木 丑 艮 寅 [illegible]	五 黃 土 壬 子 癸 退	一 白 水 戌 乾 亥 [illegible]

丁山中氣下元甲子戌申
午生旺辰寅亥門旺秀
生財辛門生旺上元子戌
申午申門生旺巳門破財
損丁乙門尅長显勞寅門
尅三房主手疾癸門申午
辰寅生旺

巳死 巽 辰巨文 一白水	丁退 午 丙破甫 六白金	申旺 坤 未弼武 八白土
甲 卯 乙 九紫火	未象 上元辰寅旺 水抗腹疾 二黑土	庚 酉 辛殺 庚內起身 庚貪 木象 四綠木
丑 艮 寅旺 五黄土	壬 子 癸退 七赤金	戌巨文 乾 亥 三碧木

未山中氣上元申午辰寅生旺水抗腹疾下元午辰寅丑门生旺戌门起長足劳庚门不合庁下元辰寅却生过河起長腮主麻風上元子戌甲门旺财来抗目疾抗门派徒抗口疾上元子戌申午辰门生旺

申旺八

坤甫黿白

未房吉土
六事吉

丁正六

午武破白

丙房平金
六事平

巳兑一

巽上元子卯旺门食糸白

辰房平水
六事凶

庚 下元子卯 文 雨 本泉 四

坤 上元甲申子生 旺 巨 二

水坑腹疾 黑土

坤山中氣上元子戌生申午旺
水坑腹疾下元子戌艮門生申
午旺午辰寅亥門旺过[illegible]長[illegible]
麻凤乾门克長足劳不合序卸
生上元子戌巽門旺震門亥坑
目疾坎门流徒坑口疾

申破文八
坤旺白
未土

丁廉武六
午白
丙退金

巳弼巨一
巽白
辰水

庚酉門雜氣甲辛
煞廉貞巳亥
木氣四

下元辰寅生二
申貪黑
上元子戌旺土

九紫火
乙甬柔門秀坑目生
卯甲

三碧木
戌弼巨亥
乾門雜氣

七赤金
壬子癸

五黃土
丑旺艮
寅下元子戌旺

戊申山中氣下元辰寅生上元
乾子戌旺水坑腹疾亥門不合局
亥克長足勞下元辰寅卻旺上
壬元子戌卻生山門發秀三族
子星坑目疾寅門下元子戌旺
上元萬子坎門流徒坑口疾

巳 巽 辰 旺 殺破 六白金	丁 午 丙 生 文杀 二黑土	申 坤 未 中死 巨廉 四綠木
壬 子 丑 乙 卯 甲	庚 甫 下元子戌申午旺生 七赤金	庚 酉 辛 武 殺 貪 火紫九
丑 艮 寅 廉巨 退	壬 子 癸 文杀 死 三碧木	戌 乾 亥 殺迴 生 八白土

庚山申氣坑口疾下元子戌生
申午旺丑門秀辰門下元子戌
旺過咎克長煩疑病多官非丙
門可開水坑腹疾庚門奎淫麻
勞坑目疾主人將訟中元長災
甲門旺未門欺詐上元子戌甲
門旺辰門又多生女

巽 巳 辰 旺 房吉大事吉 貪甫 下元子戌门忌長 退股疾多 六白金	丁 午 丙 生 廉文 房吉大事 吉甲年 死 二黑土	申 坤 未 死 綠武 下元门坎坊 房吉大事 不宜 四綠木
五黃土 [illegible]	酉殺 七赤金	庚 酉 辛 殺 房吉大事 凶 [illegible]
寅 艮 丑 凶 一白水	壬 子 癸 三碧木	戌 乾 亥 生 八白土

酉山中氣下元申午生辰寅旺坑口疾艮门秀下元子戌卯門旺巽門忌長媳股疾墳門坎坊酉门奔淫床劳坑目疾上元子戌卯门生申午卯門旺巽门多女

巳甫武六 巽旺白 辰金	丁杀巨二 午生黑 丙土	申貪文四 坤死录 未木
乙弼廉五 卯生黄 甲土	下元甲子戌 辛破 七赤金	辛廉弼九 酉煞紫 庚火
寅文貪一 艮退白 丑水	癸巨录三 子死碧 壬木	亥武甫八 乾生白 戌土

辛山中氣下元子戌旺坑口

疾下元辰寅寅门生秀中

元辰寅巳门旺過刈魁妻股

疾丁方水坑腹疾申方门碓

敗姑辛门奔淫床劳坑目疾

申门上元子戌旺

巳生五 巽黃 辰祿廉土	丁退一 午白 丙甫鄉水	申死三 坤珀 未貪破木
乙卯甲 死巨武 四綠木	戊文 六白金	庚酉辛 生巨武 八白土
寅煞九 艮紫 丑破貪火	癸生二 子黑 壬甫鄉土	亥旺七 乾赤 戌廉祿金

戌山中氣中元子戌申旺下
元午辰寅丙门旺秀下元辰
寅丑门生甲门自縊軋妻上
元辰寅辰门旺上元子戌未
门旺不合斥主官訟桎梏艮
坑目疾乾坑口疾

巳巽辰	丁午丙	申坤未
生 巳 上元辰寅門旺 巽 條廉黃 房凶六事 辰 不吉辰巳 年凶 五黃土	退 丁 下元甲午門旺 午 甫弼 辰寅門旺 丙 表廚不宜 房凶大吉六事凶門旺財 一白水	一元 申 下元辰寅門旺 坤 貪破棍 房凶稚磨 未 凶灶坑凶 三碧木
乙卯甲 [illegible] 四綠木	中元子戌申旺 乾 文 六白金	庚酉辛 生 祿武巨 房凶事大吉 [illegible] 八白土
煞 寅 上元辰寅生門火 艮 破貪 丑 房吉 大事不吉 九紫火	生 癸 子 上元辰寅男 房凶大事 壬 吉 二黑土	旺 亥 乾 廉祿 戌 旺 [illegible] 七赤金

乾山午氣中元子戌申旺下
元申午午門生辰寅午門旺表
震門自縊克妻麻風下元辰
寅艮門生坑目疾乾坑口疾
坤門桎梏官非上元辰寅巽
門旺坎方克中男

巳破廉五 巽生黃 辰土	丁巨貪一 午白 丙退水	申猢祿三 坤、珀 未死木
回象木 文曲死 甲卯門	玄武 六白金	庚酉辛 生文曲 土白八
丑艮寅 火紫九 右弼	壬子癸 巨門 生○	戌乾亥 七赤金 廉貞旺○

亥山中氣中元生旺下元
辰寅丁门生秀上元子戌丁
门生申午丁门旺下元午辰
寅寅门旺坑目疾山门自
縊克妻麻風上元巳门缺
病坎方水坑腹疾二房忌
居

辰 貪炁 火 巽 紫 巳 死 九	丙 武破 土 午 黃 丁 煞 五	未 甫廉 金 坤 赤 申 生 七
乙 卯 甲 祿存小口 煞 文弼 八 白 土	壬 巨 一 白 水	庚 酉 辛 文弼 退 木弼 三
丑 木 艮 廉甫 祿存 綠 寅 退 祿存小口 四	壬 破武 金 子 白 癸 生 六	戌 貪炁 土 乾 祿存 黑 亥 煞 二

壬山中氣上元子戌生申午
旺下元子戌丙門旺上元長
戌辰門旺坑目疾發秀兄
門坑克長足勞震門克三房
坤門不合序坑口疾乾方水
坑腹疾

辰巽巳　死　九紫火　巽巨文　克子戌申午生旺發科　房吉大事　凶坑目	丙午丁　煞　五黃土　午破甫　下元子戌申午门旺　諸事不直丙　丁年忌	未坤申　生　七赤金　坤弼武　坑口疾　房凶大事　不吉
甲卯乙　煞　八白土　房凶大事凶	黃子彔　一白水	庚酉辛　退　三碧木
戌乾亥　二黑土　乾巨文　水坑腹疾　房吉大事　大凶	壬子癸　生　六白金　子甫破　坑肖疾　房凶大事　不吉	丑艮寅　退　四彔木　艮武弼　不宜作厕汞母　房吉灶坑碓磨　丑平

戌子山中氣上元申午辰寅生
旺下元子戌申午午门生旺辰
寅亥门旺克長三劳上元震
门旺克三二房巽门子戌生申
午旺發科坑目疾乾水坑腹
疾坤坑口疾坎坑肖疾

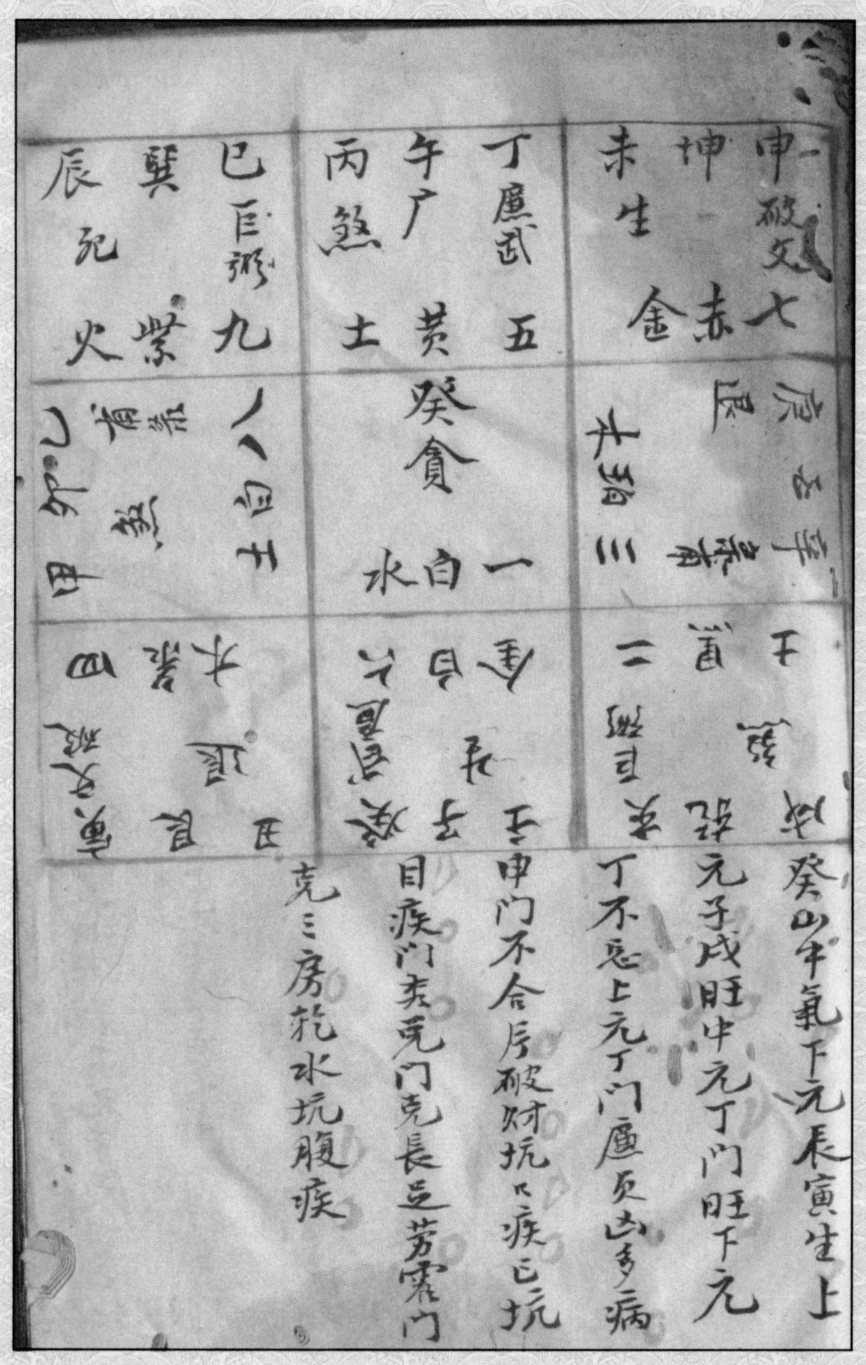

癸山千氣下元長寅生上
元子戌旺中元丁门旺下元
丁不忌上元丁门廬页凶多病
申门不合房破財抗々疾巳抗
目疾门夹克门克長丑劳霜门
克三房犯水坑腹疾

辰 巽 巳 貪輔 退 金 赤 七	丙 午 丁 廉文 煞 木 碧 三	未 坤 申 紫武 旺 土 黃 五
甲 卯 門 殺巨 六白金	丑 鄉 八白土	庚 辛 兌 殺巨 一白水
丑 艮 寅 貪 昭 二黑土	壬 子 癸 文廉 殺 四綠木	戌 乾 亥 生 九紫火

丑山中氣下元午辰寅生旺
上元午辰寅未門生旺上元
巽震俱得生旺之星都不
可開巽克長胎坑口疾震克
長男足勞四五三層克少亡
乾門罗父坑目疾艮水坑腹
疾庚門發科

巳 上元坑口疾门尅 巽 甫 武 ● 長媳房平灶坑 手 辰 退 七 赤 金	丁 房吉六事凶 午 彔 巨 丙 煞 三 珀 木	中 上元门旺 坤 貪 文 未 旺 五 黄 土
卯 上元门克長男 乙 弼 應 長房平 甲 足劳 六事凶 六 白 金 退	下元子戌旺 艮 破 八 白 土	酉 辛 下元辛庚生旺 兌 丹房應六殺 六事凶 庚 一 白 水
寅 房吉六事凶 艮 上元水坑腹疾 文 貪 長房不利 丑 旺 二 黑 土	癸 子 巨 彔 房吉六事凶 壬 煞 四 彔 木	亥 下元寅午旺 乾 武 甫 房吉六事凶 戌 生 九 紫 火

艮山中氣下元子戌旺乾
门下元戌申午旺忤义坑目疾
酉门下元午辰寅生旺發科
上元坤门旺巽方坑口疾门克
長媳震门克長男足劳艮水
坑腹疾長房不吉

巳弼破七 巽　赤 辰退　金	丁文杀三 午　珀 丙煞　木	申巨廉五 坤　旺黄 未　　土
甲卯乙 貪　退 六白金	寅甫 八白土	庚酉辛 死　貪 水白一
丑艮寅 旺 巨廉 二黑土	壬子癸 殺　文杀 四綠木	戌乾亥 生　破殺 九紫火

寅山中氣下元子戌申午生
旺辰宾亥門旺坑目疾巳坑
口疾门主痴病震门克長之丁
劳上元子戌申午申门生旺
寅方水坑腹疾辛门下元長
寅生癸科

巳 死 二 巽 黑 門克丑水坑腹 辰 瓣 巨 土	丁 煞 七 午 赤 門克少腿床 劳淫 丙 廉 武 金	申 退 九 坤 紫 門發秀 未 破 文 火
一 白 水 壬 癸 乙 卯 甲	上元辰寅生 三 甲 碧 貪 上元子戌旺 木	庚 上元子辰寅旺 酉 辛 兌 南 土 黃 五
六 白 丑 艮 寅	八 白 子 癸 壬	四 綠 戌 巨門 乾 亥 旺

甲山午氣下元辰寅生上元
子戌申午戌門生旺未門秀破
財下元寓子离門克患床劳
淫坎門克二房坤坑目疾离 男偶三房
抗口疾巽門姒姑水坑腹疾

巳 死 巽 巨文 房吉 六事凶 辰 二黑土	丁 下元申午门旺不合开 午 破甫 克長少退奔淫 疾病坑口 丙 房吉六事凶 七赤金	申 下元门發財 坤 弼武 坑目 未 房平六事不宜 煞 九紫火
一白水 貪廉 房平六事吉 生	卯 祿 上元辰寅旺 三碧木	庚 房平六事不宜 酉 廉貪 諸事不宜 辛 下元辰寅门生 死 五黃土
亥 下元長旦门魁 乾 文巨 長羽服疾 房吉六事吉 戌 四綠木	癸 死 子 破甫 中男门絕 床振丁 壬 房吉六事凶 旺 八白土	寅 下元長寅旺 煞 艮 弼武 房吉六事凶 丑 死 六白金

卯山平氣上元辰寅生旺下元辰寅酉门生申午午门旺不合房克妻坑口疾门奔淫床勞坎门克二房乾门克長退股疾巽门奴欺不和水坑腹疾坤门癸料坑目疾艮门下元辰寅旺克長

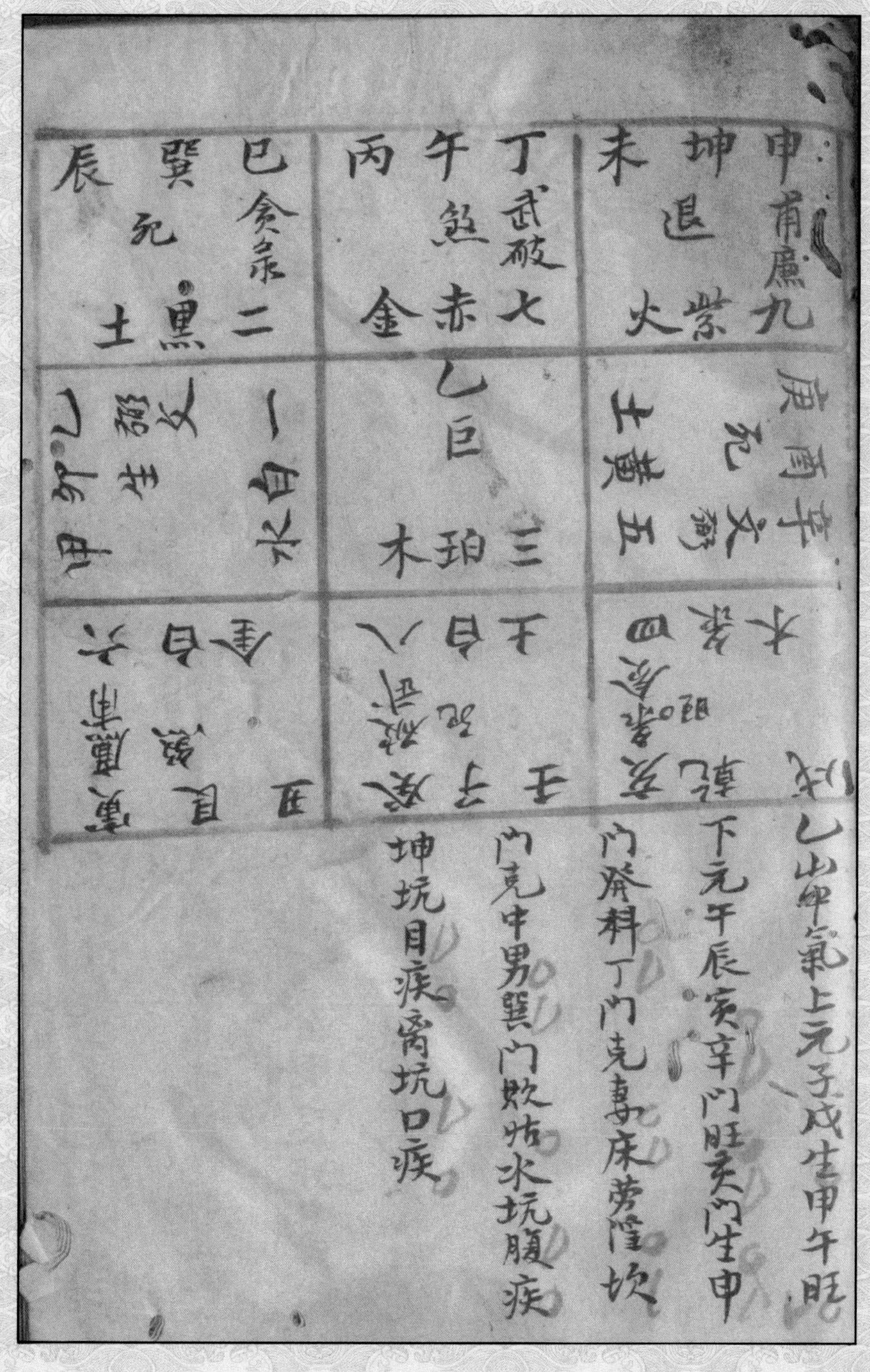

巳旺三 巽碧 辰破廬木	丁死八 午白 丙巨貪土	申生一 坤白 未鄉象水
二 寅甲 [illegible] 門	中元旺 辰武 四 象 木	庚 兌 辛 文曲 殺 金 六
丑 艮 寅 貪狼 七赤金	壬 子 癸 巨門 退 九紫火	戌 乾 亥 廉貞 破 五黃土

長出年氣中元旺下元子戌
戌門旺午辰寅丑門旺上元子
戌壬門旺發科艮坑口疾床
勞亮毒晃床不吉震床腹
疾水坑腹脹腎床小口哭辰巽
巳床旺財未坤床丁財并茂坎坑
目疾

三碧木 巳 床丁財并旺 巽 破廳 辰 房吉六事 吉	八白土 丁 死 午 巨食 床小口災 房凶六事 丙 凶	一白水 申 生 床丁財并茂 坤 獅象 六事吉 未 房吉
二黑土 死 乙 卯 甲	四綠木 巽武	六白金 庚 酉 辛
七赤金	九紫火	五黃土

巽山中氣中元旺下元子戌戌門
旺上元子戌子門旺癸科艮坑口
疾床勞克息兑床不吉震床腿
疾水坑腹疾离床小口災辰巽
巳床旺未坤申床丁財并茂坎坑
目疾兑門自縊

巳　巽　辰 昭　衆廉　床旺房吉 三碧木	丁　午　丙 甫弼　三層抜小口　死 八白土	申　坤　未 生貪破　床旺丁財　房吉文事　吉 一白水
甲　卯　乙 [illegible] 二黒土	中元子戌申旺 巳文 四綠木	庚　酉　辛 長房見　[illegible] 六白金
丑　艮　寅 [illegible] 七赤金	壬　子　癸 目疾　[illegible] 九紫火	戊　乾　亥 [illegible] 五黃土

巳山中氣中元旺下元子戌癸门生
申午旺發科上元子戌申门旺中元辰
寅申门生子戌午亥门旺坎坑目疾
艮坑口疾震水坑腹疾辰巽巳床
吉未坤申床吉丙午丁床六吉三
層不吉抜小口艮床劳克妻兒
床不吉

乾坤艮巽坐木度
辰戌丑未坐金度
乙辛丁癸坐土度
子午卯酉坐日度
甲庚丙壬坐月火度
寅申巳亥坐水火度

子虛日火　癸女土　丑牛金　艮斗木　寅箕水尾火　甲心月火　卯房日火　乙氐土　辰亢金

巽角木　巳軫水翼火　丙張月火　午星日火　丁柳土　未鬼金　坤井木　申參水觜火　庚畢月火

酉昴日火　辛胃土　戌婁金　乾奎木　亥壁水室火　壬危月火

穴法蓋粘倚撞四字極其精妙曰大勢言之凡高穴曰蓋中停曰撞低穴曰粘偏穴曰倚以細情言之於圓暈中凸上曰蓋凸中曰撞凹下曰粘凸一邊曰倚以脉氣言脉緩用蓋不緩不急用撞脉急用粘凸下無閃用倚以避煞言壓煞曰蓋藏煞曰撞脫煞

是粘閃煞是倚巳倒杖言順縮截脈是蓋穿对是撞离假是粘
開逞是倚共挨併斜插斬截勾假為十二落此の字是法用餘
八字是硬窆之法

穴暈　毬簷窟脈息哭牛角蟬翼蝦鬚蟹眼金魚

龍既结穴必有一暈如太極也此暈上下左右分真龍真穴真砂真水行謂真龍毬是也即化生腦必微微有蓋下之彷半月之形曰天靈最妙穴若無毬則其上必是無真龍行謂真穴即暈心之微凹凸是也凹深而闊曰窟窟中復起小凸

曰息穴高兩邊曰突突上復生小凹曰脈窟脈曰羅紋息突曰土宿穴無羅紋土宿則陰陽不交是無真穴何謂真砂兩傍夾穴之微砂曰牛角曰蟻長彥又曰蟬翼穴無蟬翼則無真砂何謂真水砂內界穴之微水曰蝦鬚兩水分起曰蟹眼兩水合處曰金魚穴無蝦鬚則無上分無金魚則無下合是無真水金魚之內曰簷印唇氣也穴果真則真畢具其砂水兩者必有一邊明一邊暗謂之股明股暗陰陽相交有一不具非真穴其穴暈四者非有缺明之處有近着見時有遠着見時有對面着見時有

橫着兄弟子細求之方能了然

窩脈息突四象廖公穴情精妙但窩實老陽突實老陰脈

實少陽息實少陰陽浮陰沉陽緩陰急葬法之吞吐浮沉准焉

十二倒影論穴之大形局也天地人水仙宮紐絲單提三停曲池

通竅金盤落葉開斧穴楊公衍為三十六穴詳立錐賦

十二落論穴之細性情也詳金函經注楊公用作十二倒杖

葬法陽落性緩而氣浮故葬宜急吐淺而浮得其生氣陰落性

急而氣沉故葬宜緩吞深而沉得其生氣然須依穴情之大小用之　秀禎

。穴者其正形也如物如器氣脈奇巧或水走砂飛形局正魂
挺如山巔水底其駐處危險如天罡孤曜其星倖硬惡皆奇
穴也枝幹富龍訣結正形大幹貴龍之結作三分是正形七分怪是奇
。穴星硬飽則用開鑿兩砂缺短則用堆培穴結天罡金頭
火脚金下大開水窩以制火脚穴結孤曜飽面無竅正面大開
水窩以化旅金；脚出火斜飛如曜金火交處大開水窩以
剪火穴星成形開面而不垂掃蕩其斜去於出蕩點穴截蕩
以作餘氣　四者不鑿葬主大凶然自有徵四徵凶之形立於其

閒砂水有情乃向巒之穿乘生氣必巒中生氣為是不然包蓋論

砂

凡貴龍不收客水只收自己之水〻為下砂有股道轉不舒長短大小便難結穴矣但宜欠上砂而結貴穴著上砂作案大地多有下砂一轉之外其餘如刀如劍順水斜飄時師到此斷齊御官不齊御任作受此係貴龍之徵富龍不能有也

望龍先是太祖宗龍樓寶殿弧角同星辰合五九火木格為龍伏如蛇度越天中水土間生化上龍〻宜水不生黃土貴不枹水〻四如兒禽曜列重疊中〻等貴龍倖屏帳將錄

蝶飛鸞燕舞鳳水星間見中獅象為捍门龟蛇兇潭洞州影
小麦地水口交牙生入山尋龍倖穿落得變機穿為平过穿峡
帳落則自高而下降得為子不离見母出脉过峡龍加艱变則
三五变化生太山化小粗化细心腰中出為阳脉前去定
信真窩穴貫顶飽面為阴脉只作朝迎羅城列五星行
龍化氣竅火木金陽水土陰六府太阴紫氣羅㬋陽太
陰水寄計土陰九星金文陽弼陰燥火廉贞陽火名贪狼
紫氣屬陽水罡孤武太破輔陽巨祿天財土為陰平

間更有陰陽訣覆手飽面劍脊陰仰掌平面為陽脉
肥厚生来亦陽形陰陽变化真兆得純陰純陽定滅絕
火木金龍岡水土高山龍法并為真平地江湖山將盡
行龍大都是水形中美火木金岡一定知結穴在低
平火木行龍聳卓立美是孤陽并水土燥火劍木亦
不結有穢金星磊磊落美并水岡不開陽還是頑金
不結作水星亦多倖漲天平地形動浪紋三汲過峽
曲動真從闊并擺摺細玩要分明水土宜化火木金

水土不化亦純陰莫道凶龍不可裁廉貞有貪文有
弼破軍有武間斷生系存或有巨门星些是龍家間
星法到處鄉村可尋覓變星須向斷處求貪狼不変
生乳頭巨门不變窩中求祿存不变梳齒的文曲不
变仰掌留廉貞不变犁鏵頭武曲不变釵鉗口破軍
不变戈矛輔弼燕巢雞窩仰变矛不变宜精求火
木星多穴尚遠升龍上聚結回龍惟有水多結落平
地必結波心变陽局金土多兮模過結化氣二字隱

不脫木火雖生去化氣為官去祿人丁替木土雖魁

祀陰陽人丁大旺富貴地若見金變木一房絕宗支

木變火扶和德虛名水變木翰苑多文名水變金清

貴旺人丁火变金孤寒痼疾盲火變土將相鎮邊聲

土變水逃亡少錚丁土變金巨富出賢能土變木一

甲輔朝廷龍沅有化氣穴定有陰陽陰龍行度陽龍

結陽龍行度陰龍藏又有太少出脉形必善陽生不

喜陰陰脉數節運行到子孫退敗見伶仃又有胎息

穿育在細看楞闊三兩擺水珠鶴膝蜂腰具走馬地
梭串珠屬之元人字凡曲動三節中間一點水此是
龍真成胎逕成胎穴自清稜弦并震哭詑佐詳左右
陰陽唇臍兮葬口穴上星辰龍上尋仙師妙法望龍

經

元空秘旨此必形局方位皆合然後看父母下三吉
乾艮天入坎先天坤出巽水兌
坤入離先天乾出乾水一六
皆為天地定位

震入坤　出震水三八
巽入艮　出兌水二七
　　二卦皆為雷風相𦵔
坎入震　出坤水三七
离入兌　出艮水三八
　　二卦皆為水火不相射
艮入巽　出坎水三六
兌入乾　出离水四九
　　二卦皆為山澤通氣
此法以從天来龍先天向龍要合象象合水

圖書天心十道穴法　黄極子

一(坎)山向九(離)十成功二(坤)对八(艮)分数自終天三(震)更作天七(兌)

向地六(乾)還取地四(巽)通四維來拱五十穴將九曜旋

無窮合得圖書拼一穴造化生民在掌中此惟取理氣清

純以逆合乎河圖洛書洛天八卦配乎河圖天元九氣卒乎洛

書故天一來龍坎起於地六乾即是天九(乾)為向三取元空之

金是生水而成十數地二來龍坤起於天三震即是地八為向

三(震)取元空之木是生火而成十數天三來龍震起於天一坎即

已天七為向三(坎)取元空之水以生木而成十數地四來龍巽起於地八艮即以地六為向三(艮)取元空之土以生金而成十數地六來龍乾起於天七兌即已地四為向三(兑)取元空之金以生水而成十數天七來龍兌起於天九離即已天三為向三(卯)取元空之火已成火而成十數地八來龍艮起於地四巽即已地二為向三(中)取元空之木已成木而成十數天九來龍离起於地二坤即已天一為向三(坎)取元空之土已成土而成十數渾而言之陰陽互根九四之金生一六之水一六之水孫壽四九之金三八之木生

二七之火二又之火能春三八之木礎潤出水沙裏淘金鎖木取火夏天荣木發明驗也此圖出天心十道之蘊奧即向坐水龍之格相似所謂直節对坐安即所謂來脈收坐不了備也今此而造化生民不在掌中乎

地理八局即陳圖南圖潤水法

午乾

天○乾山三向水流三（丙）（上元一運先天天地否後天天水）（以向是先天之向水流後天之水）此乃乾龍起祖受氣入坎作坎山离向收离水坎乃先天坤位离乃先天乾位是龍向一氣也入坎向离乃坐一六向三老陽來臨老陰又山

一　九

向一氣也皆先後相見一家骨肉古法取名乾山三向水流三為
法龍向大局弦龍向催吉勿使巽坤震水夾襍破局如水口出乾
三當上元一白時下之卯甲子甲戌廿年為一六催照水口出兑二當
上元二黑時下之為二父催照甲申甲午廿年水口出艮震當上元
三碧時下之卯甲辰甲寅廿年為三八催照如左艮三右乾二三
兩水合襟停蓄於离三有闊擱而不直去或只有漢塘一口正立
离位三正照坎山三或离峰秀或內案眠弓豈獨上中元四綠時
次發甲子甲戌甲申卅年为四九催照乎即东卦自一至四九十年

總無不替也

地∴震山三一向水流三一（上元中運先天雷風恒後天雷地豫）此乃震龍起祖長氣入坤作坤山艮向坤乃先天巽位艮乃先天震位是龍向一氣也入坤向艮乃坐三向三長男來構長女又山向一氣也皆先後天相見也一家骨肉古法取名震山三一向水流三一為山法龍向大局此龍向推吉句使震坎巽水夾雜破局如水出乾六三當上元一白時下之甲子甲戌廿年為二六僅照水口出兌二六上元二黑時下之甲申甲午廿年為二三僅照水口出離三三當中元四綠時下之甲子甲戌甲申卅

年為四九催照美左兌二六右離三二水合襟停蓄於艮三三有闌攔兩不直去或有魚塘一口正立艮三三位正照对坤六六山或艮峰雄秀或內案眠弓並值三碧時得龍向兩合大發甲辰甲寅廿年乎卯東卦時自一至四九十年內總無不發也

天〇〇〇坎山六六向水流二六（上元末運先天水火既濟以天水雷也）此乃坎龍起祖貫氣入震作震山兌向收兌水震乃先天離位兌乃先天坎位並龍向一氣也入震向兌乃坐三三朝六六中男來猶中女又山向一氣也背先以天打見一家骨肉古法取名坎山六六向水流二六為山法龍向大局當龍向雖去勿

使坤坎巽水夾襟破府外水口在乾一六当上元一白附下之甲子
甲戌廿年為一六催照水口出艮三一当上元三碧附下之甲辰甲寅
廿年為三八催照水口出離三当中元四綠附下之甲子甲戌甲申
卅年為四九催照差左離三右艮三二水合襟停蓄於兌二六有
阔攔而不直去或只魚塘一口正立兌二六位正照震三山或兌峰
遠秀或内案眠弓岂但上元二黑时得二叉催照太歲於甲申甲
午廿年乎卯东卦自一至四九十年總無不發也
地∴艮山六向水流六 中元首運先天山澤損後天山風蠱
此乃艮龍起祖過氣入巽

作巽山乾向收乾水巽乃先天兌位乾乃先天艮位坐龍向一氣也
入巽向乾乃坐六朝一六少男來構少女又山向一氣也背先後天相見
一家骨肉古法取名艮山一六向水流一六為山法龍向大局但龍向雖吉
勿使坎坤震水夾雜破局夫巽山乾向乃上中元卦氣第一以乾一六水
對照為上矣兌六艮六離三延年卦之專司但巽列於上元之末並
入東卦一條乾六兌六離三艮六四水只可兼收樣之併入西卦震兼
收坎六坤三震六巽六之四水也如水口出兌六當上元二黑附下之
甲申甲午廿年為二元雖照水口出艮六當上元三碧附下之甲辰甲寅

廿年為三八催照水口出窩〻當上中元四綠時下之甲子甲戌甲申卅
年為四九催照水左窩〻九右艮〻八二水合襟停蓄於乾亥六有阻擱
而不直去或魚塘一口正立乾亥位或乾峰独秀或内案眠弓皆但上
元一白時得一六催照大發甲子甲戌廿年守即東卦自一至四九十
年總無不發也
中元五黃甲申十年分寄東巽甲午十年分寄西乾綠宮有
九而卦亦有八東西分元山水之運皆反裡之一春夏一秋冬氣候
懸殊實大卦之陰陽兩片作分也蓋以東卦之坎一坤二震三巽

四是先天乾一震二坎三艮四四陽卦在外主向主氣主水而先天之坤九巽八离七兑六四陰卦在內主穴主形主風並西四卦乾六兑七艮八离九又是先天兑六离七巽八坤九四陰卦在外主向主氣主水而先天艮四坎三震二乾一四陽卦在內主穴主形主風夫一二三四〻〻山到了下元甲午甲辰甲寅卅年必斷〻兄絕故西卦之时而不得西卦之陰阳二宅不敢安山收氣所以陰阳二字时而已矣當时剂生过时剂尅切不可從依於已茂出運之壊而附葬致禍不陟合運之门而宅陰度衰也　符正道逈闡義

地[illegible]兌山〻向水流〻（下中元未逢先天澤山 咸位天澤天夬）此乃兌龍起祖貫氣入乾作乾山巽向收巽水乾乃先天艮位巽乃先天兌位是龍向一氣也入氣（乾）向巽乃坐一〻向〻少女乘猶少男又山向一氣也皆先後天於兑一家骨肉古法取名兌山〻向水流〻為山法龍向大局於龍向俱吉勿使離兌艮水夾雜破局如水在坎〻當下中元六白時下之（九又八）甲午甲辰甲寅廿年為一六催照水口出坤〻當下元七赤時下之甲子甲戌廿年為二又催照水口出震〻當下元八白時下之甲申甲午廿年為三八催照如左坎〻右坤〻二水合襟於九傳蓄於巽〻有闌攔而不直去

或魚塘一口正立巽位〻〻对照乾山〻〻或巽峯遠秀或內案眠弓宜但下元

九紫时得兑催照大發甲辰甲寅廿年于即西卦自六至九九十年中從也無不發

天 离山〻〻向水流〻〻下元首運先天坎火既離後天火陣暖此乃离龍起祖巽之氣入兑作兑山震

向收震水兑乃先天坎位震乃先天离位是龍向一氣也入兑向震乃坐〻〻朝坎

〻〻中女来媾中男又山向一氣也皆先後天相見一家骨肉古法取名离山离

向水依离為山法龍向大局兹龍向雖吉句使乾艮离水夹襍破局如水

口出坎〻〻当下元六白时下之甲辰甲寅卅年為一六催照水口出坤〻〻当下元又

亦时下之甲子甲戌廿年為二又催照水口出巽〻〻当下元九紫时下之甲辰甲寅

廿年為四九催照以左坎〻右坤〻二水合襟停蓄於震〻有間撥而不
直去或魚塘一片正立震〻位對照兌〻山或震峰遠秀或內案眠弓然
但八白時得三八催照大發甲申甲午廿年乎即西卦自六至九總無不發也
地☷巽山〻向水流〻（下元中運先天風雷益 得天風山漸）此乃巽龍趨祖貴氣入艮作艮
山坤向艮乃先天震位坤乃先天巽位是龍向一氣也入艮向坤乃坐〻
向〻長女來媾長男又山向一氣也皆先後天相見一家骨肉古法取名
巽山巽向水從巽為山法龍向大局然龍向雖吉而使就兌為水夫襟（六又九）
破局如水口出坎〻當下中元六白附下之甲午甲申甲辰甲寅廿年為一六催照

水口出震〻〻当下元八白时下之甲申甲午廿年为三八催照水口出巽〻〻
当下元九紫时下之甲辰寅廿年为四九催照如左巽〻〻右坎〻〻二水合襟停
蓄於坤〻〻有関掴而不直去或兜墻一口立坤〻〻位对照艮山或遠峰独
秀或内案眠弓宅但下元又赤时下之局〻又催照大甚甲子甲戌廿年字即
西卦自六至九九十年中総無不発也
天☷坤山〻〻向水源〻〻（下元末运先天地天 春日天地火明夫）卅乃坤龍起祖男氣入离午作离山
坎向收坎水离乃先天乾位坎乃先天坤位是龍向一氣也入离向坎乃坐三九
朝〻〻老母来猜老父又山向一氣也皆先後天和見一家骨肉古法取名坤山十

坤向水流坤為山法龍向大局如龍向巽吉向便犯兌艮破夾雜破局如水出坤二六當下元七赤時下之甲子甲戌廿年為二七催照水出震三八當下元八白時下之甲申甲午廿年為三八催照水出巽二三當下元九紫時下之甲辰寅廿年為四九催照如左坤二六右巽二三二水合襟停蓄於坎一六有閉攔而不直去正立坎一六恒对照青山三九或遠峰挺秀或內案眠弓芭但下中宮白時下之後二六催照大發於甲午甲辰寅廿年半即西卦自六至九九十年坤隱無不發也

已上八龍八大局子父母爻順逆子爻為二十四局顛倒四十八局皆從

天來龍亦先天向為龍合向〻合水〻合三吉位清純之局故曰乾六壽九〻朝宗坤宮坎一脉和通天三地八為朋友天七地四氣相從〻肅九來龍宮震位巽龍入脉要坤宮坎水來朝時重兌艮出地八對六宮沒有來龍前生成〻氣催照氣和融。催照即是催官水法催官催財催丁德名之曰催官訣尸一句所利穀大之催官也要水之來去二曰合元空大卦之陰陽和見而以出〻揲其柄乃乾坤之法窺陰陽不測之所以神也豈參今空甲庚而大龍大穴或先時而發或即出元而仍發小龍小穴或後時而發或元內而發仍不是耳此皆以向上會求作順子廿四局矣向上著求且不见水过堂而水之二口反在坐山一卦在東西又作东卦之向西逢又作西卦之向为逆子廿四局共成四十八局但此局只但用於山龍即水龍亦不離外不特如离上有水當作坎局僅以向上之水为龍不以後面之乾入坎为龍也水龍雖不論峰巒開帳过峽起頂而砂護送而後面大幹水龍有從乾入坎之形惟一切龍星穴星砂星城门星皆在眠倒处認之必須前面有合卦之小支水或當面有朝入之形迴繞融結成局始用之益神耳若平陽百里無水以乾流低处为準而贝結穴之後面亦必隱隱隆隆有乾入坎之形於此細心揆定为劍頭之一

茍乃合此局之用至江湖之小山與土洲平地平田平形百體奇妙無窮
不必拘拿理氣亦不限於元運往往大富大貴發福悠久等不可令流洩
散元氣漏道侵損龍脂而取息道以薄培龍氣實氣以催助富貴蔣
公天元水龍經及高雲樓遂見錄圖細看自知未可粗心亂下蓋此局
九　四　一　六　二　七　三
此山龍交難認也又先天乾兌為老陽坤艮為老陰巽坎為少陽離
八
震為少陰至交易宮易移見而為後天以先天乾一乃為老陽老父震
二爻為少陽長男坎三仍為少陽中男艮四爻為少陽少男坤九仍為老
陰老母巽六八爻為少陰長女離又仍為少陰中女兌六爻為少陰少女夫

先天八卦乾為天坤為地離為日為火坎為月為水居四正者不變四正居不變之位天地日月水火本不變者也兌為澤巽為風艮為山震為雷居四隅者皆變四隅合在變動之位且山澤風雷本易變者也而先天之乾一震二坎三艮四主東卦之氣為四陽卦而從天之坎坤震巽以受此一二三四之氣挨運順行以先天兌六離七巽八坤九主西卦之氣為四陰卦而從天之乾兌艮離以受六七八九之氣挨運逆行總之東四卦之運主順自老至少而九星固順西四卦之運主逆自少至老而九星仍順乃曰逆者自老至少為逆耳蓋先天八卦以坤對乾

对震离对坎兑对艮而六七八九仍從先天兑离巽坤挨去不從坤巽离兑之氣挨去乃不謂之逆半從此但就挨山而言也若印山水分挨之以東卦順挨山而逆挨水於西卦西卦逆挨山而順挨水於西卦余自門訣以第窮自許善援古之秘而為功臣也　符正道闡義

撥砂法

撥砂之法出於張九儀尤有義理宜兼用之於是宜以玩在蔣盤廿八宿星盤為準如穴坐女土蝠度先取左右最近之高大砂次取遠者撥之如撥在四火度日度謂之生砂主催財丁官貴撥在西土度而土次秘謂

之旺砂亦旺丁財官貴撥左四水度四月度太取奴去尅水謂之奴砂但
主蔭財撥左四金度土去生金謂之洩砂主退財丁稀撥在四木度
木來尅土謂之殺砂主損丁剝官且因疾病死喪口舌訟獄而大損財
着其在左主長在右主三在中主次又如在丙則三合丙年在午在丁則
三合午丁年與丙午丁生人應其禍福又如砂形吉則福重而禍輕砂形
凶則福輕而禍重皆宜立向時審裁之再有龍神不將穴星不得向上左
右有五鬼堆阜小山名五雷砂主其損遭雷劫及子孫雷殛之應砂如拖
刀之形斷頭之形向外多主殺人抱羅向內多主被人殺已砂如吊頸及冰

蹺如繩索多主縊死如折臂斷股必見身不全乃生斷臂折股之禍或生手足夭傷之人山上如以根水內如浮尸浮根多主凶死在山溺死在水與舟中之人全訣頗詳此其大略耳

東西二卦五行陰陽杜見說　符正道

東西二卦五行乃先天一陽之氣生成一二三四五六七八九十之數本無有字本無有形乃太極之精妙合而凝也佈之九宮列之八卦判為兩片地陰極陽此陽極陰理氣分運顛倒死生五十居中兩一二三四六七八九一九二八三七四六一六二七三八四九其陰行對待起偶出焉可交言之其為陰陽

杉兄也如戌丙丙戌乾午午乾亥丁丁亥壬辰辰壬子巽巽子癸巳巳
癸丑庚庚丑艮酉酉艮寅辛辛寅甲未未甲卯坤坤卯乙申申乙戌
庚庚戌乾丙丙乾亥辛辛亥壬未未壬子坤坤子癸申申癸丑丙丙丑
艮午午艮寅丁丁寅甲辰辰甲卯巽巽卯乙巳巳乙人目不知一二三
四六七八九今為流行之兩片一九九一二八八二三七七三四六六四今為起偶
之兩片又何知四一一四二三三二六九九六七八八七一二二一三四四三六
七七六六九九八八今為陰陽杉兄之兩片卅在順子廿四局有山向山杉兄水
巽水杉兄之卅在逆子廿四局有山向水杉兄水向山杉兄之卅兩

大卦在〻存焉以為元空識哉其元空也

陽宅大门外八字墻說

古人於陽宅大门外多用八字墻非只為观美也门前分開八字墻各論城市鄉村在向當元之水用之如見向上三陽之水而遶左右之煞水在向當元〻氣用之如收向上三陽之氣而攔左右之煞氣即以坎卦論之在东卦时向水如遶辰巽巳未坤申之煞水美此六个字皆水又不必遶矣西卦时向氣如攔去辰巽巳未坤申之煞氣美此六箇字有水又不必攔矣如坎宅在東卦向水不作八字墻如宜見收兌艮之氣餘可類推

立穴蓋粘倚撞吞吐浮沉法

蓋者即山龍騎龍穴法粘者即高山陰脉到頭微伏下者脉落龍氣太旺無穴情如見龍虎砂左右環抱明堂管氣朝对帮明處下湊葬坛土葬之为粘穴倚者即木星情闪側龍耳穴撞者即人臍穴吞者即平坦陽龍葬在突窩小泡内为陰受胎故为吞穴吐者脫龍抛局呂龍之脫脉太旺来勢太急有龍虎砂低伏或脫出一二三丈餘須細察其穴情之分以定葬之穴後必培土以接龍脉之氣方旺浮者即穴後小山低而界水不深故須浮葬若開金井深葬則氣從根上過而根

受冷氣矣沉封葬脈龍高勢急氣伏下須看龍虎砂面俯唇封開金井或深八尺或丈餘須見五色土美有氣斗形象則已如掘去五色土則氣洩枉上為矣凡開金井如太極圈在內封可開十分之五收生氣在內始美開六分如圈中真氣必洩大減福矣如開去圈封即扦了穴必主敗絕此淺深要合法也嘗見人家開穴見古穴在下葬子孫收管封以葬太深故也又有葬在古穴之上反發富貴封以葬得氣故也凡穴中土色不變封即為無氣或見粗黃黑色山川死氣所結必紅黃滋潤為上凡立穴金星中有窩脈葬高如無窩則在掛角木星葬節或閃側水星葬絕火星葬焰土星

葬腹有停壮葬角所謂土包浮金也迎龍逆結不畏風斂脊帶煞喜劫

風天空氣聚不畏風平洋沖風穴有功山昂即局窄高处点四畔平和莫低

潛砂局均勻中正作边寬边窄法当偏水斜山乱窩中隱凹穴下短宓

御身有来有去尋龍結山窮水尽腰裏尋詳前審後防空曠而吹

胸劫背盼左覘右是凹缺而割耳射肩

總論龍穴砂水

龍着左右托穴着左右夾砂着左右脚水着左右約明堂着四肩

三陽着城郭穴着無精疑入穴方裁度龍要有夾從夾送龍身重

穴要有包裹包裹穴無破砂要有情意有情方為貴水要有灣曲灣曲
大發福龍要有正名穴要有正星砂要有正形水要有正城龍要有祖宗
然後看子息穴要有生氣然後看去取砂要有背面然後看向背水要有
零正然後看順逆龍要剝老換嫩穴要土細紅潤砂要秀麗端正水要
灣環莫順龍要護從重重穴要遮藏八風砂要頓起千峰水要形似灣弓
富龍帶倉帶庫富砂左朝右欹富砂金穀銀櫃富水灣環停住貴龍
行印至封未貴穴坐華蓋三台貴砂朝筆架樓台貴水玄長流御街
龍怕過峽無扛穴怕淋頭水裝砂怕硬直如鎗水怕沖破明堂龍怕身上

破腦穴怕頭傾抛斷砂怕斜去無面水怕橫過如箭龍怕沒頭多石
穴怕出身失利砂怕左右山反水怕墳前斜直龍怕孤峰狼嶺穴怕
案不朝惡砂怕鵝頭鴨頸水怕卷簾背城龍怕斷塹深坑穴怕
低廟神砂怕如傘破崩水怕急流發聲
符正道曰凡龍要星辰正大貪巨武輔四吉間行斷而復連伏而即
起峽多貴護枝腳不散峰峦端秀骨肉停勻望之可愛可敬此龍之
精神也窩鉗乳突穴全五吉眾小我大眾大我小而大為我用眾排（眾為我用）
列而皆形貴壯麗我位中而能現其尊榮此龍之力量也倉庫旗鼓兩

旁峽立而外垣朝對火曜插天或進田水筆百尺當前此龍之光耀也

而又八國周密而垣局固裙帶四垂而餘氣多此龍之氣魄也隨龍之

水源遠流長客朝曲繞羅星卓立閭𨥁重重穴身瑩淨四象分明

土含生氣光潤紅黃其為大富貴之地無疑矣及見來去二口之私水

合得老少陰陽交交收清不及見來去二口之公水對西卦位上來去來

卦固發東卦位上來去西卦亦發三元不敗矣此等地固不多[illegible]

乾法眼不能知即知龍而不知穴知穴而不知葬知葬而有一毫之差錯

雖天地而不靈亦且損福者矣仰觀俯察理極精微洩乾坤之秘奪生造化

之权昔人以人乃傳不擇示訣誠恐走四方并射利而昧良念富豪者恃勢而謀佔其於天理已早失矣苟非忠孝之家未易得也苟非孝子之士莫漫求地故師當擇主之法主當擇師之賢而即得真訣尤須深其學力勤足之力擴其眼界而要明與外不當细用其心力

望氣解

凡大龍起祖之中峰必有真龍之氣直起冲霄横攔山腰封龍也此氣須於春分收至秋分時望之雨後逢辛初晴之候清晨在此山之西向東望之傍晚在此山之東向西望之映日辨色或氣發

堂憧盖紫赤沖霄此帝王氣也惟　當今天子祖龍上有之或氣乃五色斑駮此文臣氣也或白帶赤色此大將氣也或白帶黄色此富豪氣也或青帶白色此忠孝節烈氣也而帶黑而混雜此盜冦氣也有是氣則到佳地即生是人究之吉氣穴亦吉形凶氣穴亦凶形宜細心观察之

嘗水解

凡龍身到穴必有本身落龍之水色之清濁易辨味之高下難知故原用嘗水色清甘香多生理学色清而甘生名臣色清而和生文人色[illegible]味辛生忠孝色白味苦生節烈色清味涼生寒士色半清半腐生毉

富色平味淡色乾已黄色枯面如红浮油色红而味如煤生煤無[illegible]

此只大略也

墳前屋

大凡墳前起屋壓死明堂陽和晦暝自失晶光居左長房居右

少房其在中値仲子范々不可不慎其屋低而遠只凶消滅

衰旺高低吉凶訣

山之旺方宜空闊不宜阻塞不宜水照迎旺氣也衰方宜阻塞

宜水照不宜空闊却衰氣也如旺方有鄰家有高聳樓閣而

我遠遠而映使照方之氣直達我宅主元內大發若角我逼居而高使照方对门煞氣迴入我宅謂之回風反煞元內反災

二宅同断蟻法

山旺方有水煞方反無水有空濶風吹入旺方并旺方必生白蟻

陽宅旺方雖無水被亭臺高壓竹木掩蔽不通風氣無门路行走必生白蟻陰宅旺方雖無水被竹木墻垣高壓不通風氣并必生白蟻而左空右空有水射亦然

論平洋山水地蟻之性情出路

平地風無滯礙且平地屬陽風屬陰以陰和陽故少煞但平洋
有山無氣亦生煞而近水居多夫山本陰多又無融結風逼山溪
以陰遇陰故煞多煞陰物也原乘風之性既因風生又因水致性
好藏而惡露露則死其作祟必吐泥水以擒其身方能食物其煞亦隨
風為轉移風直入煞路亦直入風高飄煞路亦高飄風低射煞路亦
低射風曲入煞路亦曲入風旋轉煞路亦旋轉風之性即煞之性也風宜
順而不宜逆逆則生煞風左入右有物障遏煞必從左風右入左有物障遏
煞必從右前後亦然陽宅亦如是其身偃柔其嘴似鐵所食之物皆化

為泥水満腹藏而不露則泥水下而為毒露而欲藏則泥水壯而為巢含物將盡使生而留夏秋陰晷狂雨之时乘風而先丟去也蚁〻為害如此不可不慎制之〻法用暗金伏斷日間更風發滞水則可

碧綠逢水為龍返首　紫逕翠綠為鳥跌穴

木入金為龍逃走　金入木為虎猖狂

水入土為蛇夭嬌　火入金為雀投河

土入木為勾陳受困　火入金為熒入白

金入火為白入熒

生見生　主進財增產　生見煞　主官災得貴人救

煞見煞　主火災損人凡事不利　煞見生　半吉半凶上半

年吉下半年凶損人　退見退　主禍害疾病　生見退　[illegible]

損六畜小口

看病忌日

壬寅壬午連庚午　甲寅山卯己卯防

神仙留下此六日　若人疾病替人亡

光緒二年八月滄海道一氏錄於夏氏之聚日草堂